Disney

HIGH SCHOOL MUSICAL

L'esprit d'équipe

Cet ouvrage a initialement paru en langue anglaise en 2007
chez Disney Press sous le titre :
Stories from East High #2, Wildcat Spirit
Écrit par N. B. Grace
Basé sur le film « High School Musical »,
écrit par Peter Barsocchini

Traduction de l'américain par Maud Desurvire

Hachette Livre, 43 quai de Grenelle, 75015 Paris

Disney

HIGH SCHOOL MUSICAL

L'esprit d'équipe

Troy Bolton

Troy est le garçon le plus populaire d'East High, et le capitaine des Wildcats, l'équipe de basket du lycée. C'est un garçon sympathique et généreux. Sa prestation dans la comédie musicale *La Nuit étoilée*, aux côtés de Gabriella, lui a révélé sa passion pour le chant, mais il a parfois du mal à tout concilier...

Gabriella Montez

Gabriella est une élève modèle du lycée. Elle est non seulement belle et intelligente, mais en plus, elle a une voix magnifique. Elle a obtenu le premier rôle de la comédie musicale du lycée, ce qui l'a beaucoup rapprochée de Troy. Pourtant, elle est parfois timide et peu sûre d'elle.

Taylor McKessie

Taylor est l'une des élèves les plus brillantes d'East High. Son équipe scientifique a d'ailleurs gagné un concours de chimie. Grâce à son amitié avec Gabriella, Taylor s'est rapprochée de Troy et Chad...

Chad Danforth

Membre des Wildcats, Chad est un excellent joueur de basket. Parfois, il semble même qu'il ne pense qu'à ça ! C'est un des meilleurs amis de Troy, toujours prêt à s'amuser et à rire.

Sharpay Evans

Sharpay est avant tout une excellente chanteuse, danseuse et comédienne. C'est aussi une jeune fille qui sait ce qu'elle veut, et qui est bien décidée à se battre pour réussir. Elle s'implique totalement dans sa passion pour le spectacle !

Ryan Evans

Quand Sharpay apparaît, Ryan, son frère, n'est jamais loin ! Il est lui aussi un artiste de talent, et adore la scène. Cet excellent danseur et chorégraphe sait se mettre en avant, et a un sens de la mode très personnel !

— *Allez les Wildcats !* hurle Troy Bolton tandis que la balle de basket glisse habilement entre ses doigts.

Une seconde plus tard, le ballon siffle à travers les mailles du filet. Le tir est parfait. Le capitaine des Wildcats esquisse un large sourire tandis que ses coéquipiers l'applaudissent. Chad Danforth, son meilleur ami, arrive en courant vers le panier, rattrape la balle au bond et réussit un dunk spectaculaire.

— Ça, c'est du basket ! s'écrie le joueur en effectuant une petite danse victorieuse sous le panier.

Pendant ce temps, deux autres basketteurs, Zeke Baylor et Jason Cross, approchent de Troy au pas de course pour lui taper dans la main.

— Pas de doute, on est vraiment prêt pour le grand match de samedi ! lance Zeke.

Un coup de sifflet résonne dans le gymnase.

— Terminé pour aujourd'hui, les gars.

L'entraîneur, qui est également le père de Troy, contemple fièrement son équipe.

— Je vous souhaite un excellent week-end, les gars, et n'oubliez pas que la *Semaine de l'Esprit d'East High* débute lundi. Vous devez montrer l'exemple car personne n'a autant l'esprit d'équipe que les Wildcats !

L'expression sérieuse de son visage laisse place à un large sourire tandis que les basketteurs l'applaudissent.

— J'espère aussi que l'un de vous sera couronné *Roi d'East High* lors du grand bal de samedi soir !

— Mince alors ! dit Chad, en faisant mine de réfléchir, un doigt posé sur le menton.

Je me demande bien qui remportera ce titre.

Le reste du groupe rit, avant de crier tous en chœur :

— *Troy ! Troy ! Troy !*

L'entraîneur sourit, puis s'éloigne à grands pas vers son bureau. Poussant Chad dans le dos, Troy lui fait perdre la balle de basket calée sous son bras.

— Arrête, mon vieux ! Si quelqu'un doit gagner ce titre de roi, c'est Jason. C'est lui qui nous a permis de remporter le dernier match.

— Bien essayé, monsieur Modeste, réplique Chad.

— C'est vrai, admets-le, Troy ! reprend Jason. Qui peut bien être plus dévoué à East High que la superstar des Wildcats ?! Tout le monde sait que ce titre te revient. La seule question est : « Qui sera ta Reine ? »

Zeke approuve d'un hochement de tête.

— Tu pourrais arriver avec un chapeau sur la tête à la *Journée Pyjama* et avec un pyjama sur le dos à la *Journée des Couleurs* du lycée, tu gagnerais quand même haut la main. Tu es intouchable, mec !

— Mon père dit toujours qu'il ne faut jamais crier victoire tant que les points ne sont pas affichés au compteur, leur répond Troy.

— Là, ce cher Troy marque un point, reconnaît Jason. N'oublions pas que ce sont les profs qui décident. Et qui sait ce qui leur passe par la tête au moment du choix ? Ils pourraient très bien donner le titre à un de leurs chouchous du club de sciences ou un truc du genre.

— Bonjour l'angoisse ! répond Zeke d'un air horrifié.

Chad drible et envoie la balle rebondir sur l'arceau du panier de basket.

— Ça me fait penser qu'il faut que j'aille faire un tour au centre commercial ce week-end pour m'acheter un nouveau pyjama. Ma mère a juré que si j'allais au lycée avec mon vieux pyjama, elle me renierait et demanderait à changer de nom !

Troy éclate de rire. Tous les pyjamas de

Chad sont troués aux genoux. Disons que, parfois, son copain s'emballe un peu *trop* quand il joue au basket dans sa chambre.

— Je n'arrive toujours pas à croire qu'ils veulent qu'on vienne en pyjama au lycée, commente Jason tandis que l'équipe se dirige vers les vestiaires.

— Moi, j'espère juste que je ne vais pas m'endormir en cours de physique, ajoute Zeke, amusé.

Troy, lui, semble réfléchir à autre chose. Il s'adosse contre le mur.

— Je devrais peut-être aller faire un tour au centre commercial moi aussi, murmure-t-il. Il me faut un truc sympa à porter samedi soir.

Chad s'avance vers lui en driblant.

— On dirait que quelqu'un pense déjà au grand bal de samedi... Alors, quand est-ce que tu vas lui demander ?

Troy sent ses joues devenir aussi rouges que son short des Wildcats.

— De quoi tu parles ?

Évidemment, il sait *très bien* à qui son copain fait référence. Gabriella Montez. Depuis que Troy l'a rencontrée, Gabriella occupe toutes ses pensées. Elle est intelligente, hyper mignonne, drôle, et adorable. Jamais il n'a connu une fille comme elle. Rien que d'imaginer aller au bal du lycée avec elle à son bras, et de la serrer contre lui en dansant, il en a des frissons. À présent, tout ce qu'il lui reste à faire, c'est trouver la meilleure façon de l'inviter. Et c'est bien là le problème !

— ... donc il ne peut pas l'inviter, conclut Jason.

— Quoi ? s'exclame soudain Troy, dont les rêveries s'évanouissent aussitôt. Qu'est-ce que tu viens de dire ?

— Exact, Jason a raison, intervient Zeke. Tu ne peux pas l'inviter, mec, c'est le principe du quart d'heure américain.

— Du quart d'heure *quoi* ? répète Chad, en fronçant le nez.

— Du quart d'heure américain, explique

Zeke. Ce qui signifie que ce sont les filles qui doivent faire leur demande aux garçons, pas l'inverse.

Maintenant, Troy se souvient d'avoir entendu parler de ça à la dernière assemblée des élèves. Chad se gratte le crâne à travers sa crinière bouclée.

— Qu'est-ce que c'est que cette histoire de quart d'heure *américain* ?

— Je ne sais pas, lui répond Jason. Mais le fait est, Danforth, que tu ne pourras pas supplier chaque fille du lycée de t'accompagner au bal.

Un des basketteurs se met à glousser.

— Ah, ah ! On dirait que notre Chad va passer sa soirée sur le banc des célibataires !

— Pas question ! s'exclame Chad. Ces demoiselles vont toutes se jeter à mes pieds pour me demander d'être leur cavalier. Je n'aurais plus qu'à décider laquelle se verra honorée de ma présence virile.

Troy sourit. « Bon. Soit. C'est un quart d'heure américain, se dit-il. Et alors ? Ce n'est pas un problème. En réalité, ça va même me faciliter les choses. Je n'ai plus qu'à attendre patiemment que Gabriella m'invite... »

Au même moment, Gabriella est en train de rassembler ses affaires après la réunion de l'équipe du Décathlon Scolaire.

— À la semaine prochaine ! lance-t-elle en souriant. Et n'oubliez pas votre esprit d'équipe lundi !

Une des filles pousse un grognement.

— Flûte, j'avais presque oublié cette histoire. Une semaine entière au milieu des hourras et autres niaiseries du genre...

— ... sans compter tous ces défilés de supporters débiles et ces tenues d'abrutis qu'on va devoir porter ! ajoute Martha, une autre élève du Décathlon.

— ... ni ces Cro-Magnon de l'équipe de basket, conclut Timothée, un maigrichon à lunettes. Ils vont être pires que d'habitude.

— N'exagérez pas, ça peut être drôle ! les interrompt Gabriella, en souriant.

Taylor, sa meilleure amie, fait la moue.

— Facile à dire pour toi. Tu n'as qu'une hâte, c'est d'aller au grand bal de samedi soir avec Troy.

Gabriella rougit aussitôt.

— Ce n'est pas la seule raison, proteste-t-elle. Je pense que, dans l'ensemble, on va bien s'amuser. Je n'ai jamais eu l'occasion de fêter l'esprit d'un lycée.

— Vraiment ? s'étonne Martha.

Gabriella sent son cœur se serrer en repensant à tous ces déménagements et à tous les lycées qu'elle a connus dans sa vie. Et *grâce* au boulot de sa mère, elle en a connu beaucoup avant d'atterrir à East High au début du deuxième trimestre. « Mais désormais, tout ça est terminé, songe-t-elle. Maman m'a promis que nous ne déménagerions plus avant que je passe mon bac. »

Les autres se dirigent déjà vers les salles de cours, discutant toujours de cette semaine de festivités. Gabriella s'empresse de les rejoindre.

— Ça te dirait d'aller faire un peu de shopping dimanche ? demande-t-elle à Taylor. Il faut que je me trouve une tenue pour le bal.

— Bien sûr. Mais ne t'en fais pas : quelle que soit ta tenue, Troy te trouvera splendide.

— Alors, Gabriella ! Quand est-ce que tu comptes inviter Troy ? lui demande une autre fille.

— Comment ça « l'inviter » ? Vous allez peut-être me trouver conformiste mais j'espérais plutôt que ce soit *lui* qui m'invite…

Taylor secoue la tête.

— Pas cette fois ! C'est le quart d'heure américain, t'as pas oublié ?

Gabriella s'arrête net au beau milieu du couloir.

— Je ne me souviens pas d'avoir entendu parler de ça.

— Ce n'est pas étonnant, tu étais trop occupée à rigoler avec Troy pendant la dernière assemblée, lui répond Taylor. Pourtant, le principal Matsui a évoqué le principe du quart d'heure américain au moins trois fois.

— Oups ! murmure Gabriella, la gorge serrée.

Jamais elle n'a invité de garçon.

— Bon, je suppose que je n'ai pas le choix. Je vais devoir inviter Troy. Mieux vaut en finir avec ça le plus tôt poss...

Sa voix s'affaiblit lorsqu'elle aperçoit Sharpay Evans, aux côtés de son frère Ryan.

— Bonjour, jeunes gens, lance l'adolescente, en s'appuyant contre un pilier du couloir dans une pose de comédienne. Alors, on parle du bal du lycée ?

— C'est bien ce que j'ai cru entendre, intervient son frère, en hochant la tête.

Même s'il a donné un coup de main aux autres durant le *Tournoi des Groupes*, Ryan reste fidèle à sa sœur. En fait, si elle lui disait « Saute », il répondrait « De combien de mètres ? »

Sans attendre une réponse, Sharpay baisse les yeux sur Gabriella.

— Tu vas demander à Troy d'être ton cavalier au bal ?

— Bien sûr qu'elle va lui demander, lui répond Taylor. Qui d'autre à part lui ?

Sharpay ignore totalement la jeune fille. Ses yeux chargés de mascara sont rivés sur le visage de Gabriella. Gabriella la fixe également, un peu nerveuse. Sharpay et Ryan ont été les vedettes de toutes les comédies musicales de l'école, sauf de la dernière. Cette fois-là, Gabriella et Troy leur ont soufflé les premiers rôles. Gabriella est certaine que Sharpay n'a toujours pas digéré cette histoire.

— Eh bien, si tu veux mon avis, vas-y en douceur, conseille-t-elle à Gabriella.

— *En douceur* ? Qu'est-ce que tu veux dire par là ?

Sharpay hausse les épaules, balançant sa chevelure blonde en arrière.

— Si tu veux qu'un garçon comme Troy te prenne au sérieux, tu ne dois pas te montrer trop enthousiaste, si tu vois ce que je veux dire…

Gabriella n'est pas sûre de comprendre. Mais au même moment, la sonnerie de son téléphone portable retentit dans son sac à dos.

— Excusez-moi, dit-elle, en se demandant si c'est Troy.

Il devrait avoir terminé son entraînement de basket à l'heure qu'il est…

— Allô ?

La voix de sa mère, apparemment fatiguée et distraite, résonne dans le combiné.

— Bonjour, ma chérie, c'est moi. Juste pour te dire que je vais sans doute finir tard ce soir. Ne m'attends pas pour dîner.

— Encore ? soupire Gabriella. C'est la troisième fois cette semaine ! Ton patron est au courant que tu as une vie de famille ?

— Désolée. Vie de famille interdite dans ce boulot, rétorque sa mère à l'autre bout du fil, d'une voix toujours aussi absente. À plus tard, d'accord ?

— Tout va bien ? demande Taylor.

— Oui. Juste ma mère qui recommence à trop travailler . Mais bon, ce n'est pas nouveau, répond Gabriella en haussant les épaules.

Taylor lui sourit d'un air complice.

— C'est un peu une tradition de se surpasser dans la famille, non ?

Soudain, Sharpay éclate de rire.

— Qu'est-ce qu'il y a de si drôle ? questionne Gabriella.

— Tes intellos de copines viennent de me demander qui, d'après moi, remportera le titre de *Roi* et *Reine d'East High* ! Un peu stupide comme question de la part d'une bande de petits malins, non ? Pour la reine, *au moins*, c'est parfaitement évident !

Et Sharpay s'éloigne dans le couloir, talonnée par Ryan. Soudain, la jeune fille s'arrête, et jette un coup d'œil par-dessus son épaule.

— Surtout, n'oublie pas ce que je t'ai dit, Gabriella ! Pas trop d'enthousiasme, compris ?

— Oui, bien sûr, lui répond Gabriella.

Parfois, le plus simple avec Sharpay, c'est de ne pas la contredire.

HSM

— Vise un peu, s'exclame Chad en donnant un petit coup de coude à Troy, voilà ta petite copine !

Le capitaine des Wildcats suit le regard de son ami. Effectivement, Gabriella est assise à la cafétéria du centre commercial avec Taylor, Martha et d'autres amies.

— Venez, on va leur dire bonjour ! lance Troy à Zeke et Jason.

Pendant qu'ils traversent la cafétéria, Troy ne quitte pas Gabriella des yeux. « Dommage qu'on se soit loupés après l'entraînement vendredi, se dit-il. Sans compter qu'hier, elle a passé la journée à son truc de concours scolaire. Mais là, c'est l'occasion idéale pour qu'elle m'invite au bal. »

Gabriella aperçoit Troy alors que plusieurs tables les séparent encore. Comme à chaque fois qu'elle le voit, son visage s'illumine. Il a un look incroyable dans son blouson des Wildcats et son jean délavé.

— Regardez, voilà les garçons ! lance la jeune fille à ses amies.

— Parfait ! s'écrie Taylor. Je comptais justement demander à Chad d'être mon cavalier au bal. Autant le faire maintenant.

Gabriella baisse la tête pour dissimuler un petit sourire. « Décidément, Taylor a vraiment l'esprit pratique, se dit-elle, amusée. Pour elle, donner rendez-vous à un garçon, c'est un peu comme... résoudre une équation de chimie le plus vite possible ! »

Très vite, les garçons les rejoignent à leur table.

— Alors, quoi de neuf ? lance Chad en attrapant une frite dans l'assiette de Taylor.

— Chad, tu tombes bien ! lance Taylor. Veux-tu être mon cavalier au bal de samedi prochain ?

Zeke pousse un long sifflement et Jason donne une grande tape dans le dos de Chad.

— Ben, mon vieux ! lance Zeke. Apparemment, tu ne mentais pas quand tu disais que les filles se jetteraient à tes pieds ! Qui aurait cru que tu serais le premier de l'équipe à avoir un rencard ?

Les joues de Chad virent au rouge pivoine.

— Euh…

Gabriella échange un sourire amusé avec Troy. Ce n'est pas tous les jours que Chad Danforth se retrouve sans voix !

— Alors ? le relance Taylor qui semble s'impatienter.

Chad hausse les épaules.

— Merci de ta proposition, chérie. Je vérifie mon agenda et je te tiens au courant, O.K. ?

Taylor fronce les sourcils.

— Ce qui signifie ? C'est *oui* ou c'est *non* ?

Chad lève les bras en l'air.

— Eh, ne me mets pas la pression comme ça ! Je viens de te dire que je te tiendrai au courant.

— Oui, du calme, ajoute Jason. Tu comprends, Chad doit d'abord s'assurer qu'il n'a pas rendez-vous avec un top modèle ce soir-là.

— Bien vu, mon frère ! rigole Zeke en tapant dans la main de Jason.

— Tais-toi un peu, l'interrompt Chad en lui pinçant le bras. Tu m'enfonces là.

Tandis que les trois garçons continuent à parler, Troy se glisse sur la chaise libre derrière Gabriella.

— Justement, à propos du bal... ça devrait être sympa, non ?

— Oui, très.

Gabriella l'écoute à peine. Elle est bien trop énervée contre Chad. Pourquoi se conduit-il comme un crétin ? Tout le monde sait que Taylor et lui s'apprécient.

Même si, pour l'instant, elle ne comprend pas trop ce que Taylor lui trouve...

Troy s'éclaircit la voix puis se penche un peu plus vers Gabriella.

— C'est plutôt marrant ce principe du quart d'heure anglais, tu ne trouves pas ?

— *Américain*, le quart d'heure. Pas anglais, rectifie machinalement Gabriella.

Là encore, elle ne prête pas vraiment attention à Troy. Elle est persuadée que Taylor est blessée par le comportement de Chad. Quant à lui, il est tellement occupé à faire le clown avec Zeke et Jason qu'il ne s'en rend même pas compte ! « Pourquoi les garçons sont-ils parfois aussi idiots ? se demande Gabriella. On dirait qu'ils n'ont pas conscience que les autres *aussi* ont des sentiments. »

— Bon, en tout cas..., reprend Troy.

Mais au même moment, Taylor bondit de sa chaise et part, furieuse.

— Taylor, attends ! s'écrie Gabriella.

Abandonnant son soda sur la table, elle s'empresse de rattraper son amie.

Un quart d'heure plus tard, Troy pense encore à Gabriella. Pourquoi ne l'a-t-elle pas invité au bal ? Il lui a pourtant tendu plus d'une perche !

L'adolescent flâne dans le centre commercial avec les autres mais se désintéresse totalement des boutiques.

— Tu penses au grand match de la semaine prochaine ? l'interroge Zeke.

— Non, je te parie qu'il se demande quel pyjama il va mettre pour aller au lycée demain ! lance Jason.

Chad roule des yeux.

— Rien à voir, bande d'idiots ! Troy pense à ce à quoi il pense vingt-quatre heures sur vingt-quatre ces derniers temps.

— C'est vrai, reconnaît Troy. C'est juste

que… je ne comprends pas. Taylor t'a bien invité, toi, pourquoi Gabriella n'en a pas fait autant ?

Chad hausse les épaules.

— Ça, mon vieux… Pourquoi les filles font plutôt ceci que cela, je ne sais pas. Peut-être qu'elle a trouvé quelqu'un d'autre…

— C'est ça, rétorque Troy, agacé.

Le problème n'est pas là, il le sait. Mais alors *où* est le problème ?

— Hé, Troy, salut !

Troy et ses amis se retournent.

— Oups, alerte aux groupies ! murmure Jason.

En effet, plusieurs membres de la troupe de pom pom girls d'East High accourent dans leur direction. Ami, une jeune fille joyeuse aux cheveux bouclés, fait de grands signes à Troy.

— Salut, Ami ! lance-t-il. Comment ça va ?

— Je suis teeeeeeeellement contente de te croiser, Troy ! Est-ce que tu veux bien être mon cavalier au bal ?

Troy est stupéfait par l'invitation. En fait,

il ne lui est même pas venu à l'esprit que quelqu'un d'autre que Gabriella pourrait l'inviter. Tout le lycée doit bien se douter qu'ils sont ensemble à présent. Apparemment pas, car Ami continue à le dévisager avec un grand sourire en attendant sa réponse.

— Ah, euh, désolé, balbutie le jeune homme, en essayant d'ignorer ses copains qui gloussent dans son dos. Je, euh... j'y vais déjà avec quelqu'un.

L'adolescente semble déçue. Elle hausse les épaules avant de se tourner vers Jason.

— Et toi, Jason ? T'es libre ?

— Bien sûr ! Libre comme l'air !

— Parfait ! répond Ami en lui caressant le bras. Tu seras mon cavalier au bal. À demain ! Je suis impatiente de vous voir dans vos pyjamas...

L'adolescente tourne les talons, puis s'éloigne en riant avec ses amies.

Jason la suit du regard, et se touche le bras à l'endroit où la jeune fille l'a caressé.

— Eh bien ! s'exclame-t-il. Désolé d'avoir

raflé la mise, Troy, mais t'as passé ton tour, mon frère. Elle est canon, cette fille !

— Tu as sans doute raison. Bien joué !

Troy hausse les épaules. C'est vrai, la moitié des garçons du lycée se damnerait pour aller au bal avec une fille comme Ami. Mais pas lui. Il préfère se réserver pour une fille *vraiment* spéciale.

Perdue dans ses pensées, Gabriella remonte lentement l'allée qui borde sa maison. Elle a réussi à convaincre Taylor que Chad faisait juste l'andouille devant ses amis du basket mais qu'évidemment, il finira par dire « oui ». Taylor a accepté de lui laisser une seconde chance. Gabriella est soulagée. Pourtant, cet incident la perturbe.

Elle se mordille la lèvre inférieure en avançant vers la porte d'entrée. Une pensée vient de lui effleurer l'esprit. Une pensée étrange, et très angoissante : « Se peut-il que Sharpay ait raison ? »

— Non. Impossible, murmure Gabriella.

Elle pénètre dans le couloir et balance ses sacs de course sur une chaise. La voix de sa mère résonne jusqu'à elle depuis la cuisine. Apparemment, elle est au téléphone.

À mesure qu'elle approche, Gabriella réalise que sa mère parle de sa voix de femme d'affaires. L'adolescente fronce les sourcils. « Je ne peux pas croire que le bureau l'appelle un dimanche après-midi... »

Elle ouvre doucement la porte de la cuisine. Dos à Gabriella, sa mère discute avec son interlocuteur.

— ... et bien sûr, je ne peux pas tout laisser en plan et partir à New York la semaine prochaine, explique Mme Montez. Nous allons devoir reporter le départ au mois prochain, au mieux. Surtout que je vais devoir m'arranger avec le lycée de ma fille, et que…

Gabriella écarquille les yeux. Elle étouffe

un cri de surprise et s'empresse de sortir à reculons de la pièce avant que sa mère ne la voie. Une fois dans le couloir, elle s'adosse contre le mur, essayant de comprendre ce qu'elle vient d'entendre.

Sa mère a tout l'air de parler d'un nouveau déménagement !

EHS

— Troy ! Troy, attends !

Troy vient à peine de mettre un pied dans East High qu'il aperçoit Hannah, la jolie brune de son cours d'algèbre, accourant vers lui. Enfin... on ne peut pas vraiment appeler ça « courir », car ses chaussons en éponge ne cessent de glisser. Aujourd'hui, premier jour de la *Semaine de l'Esprit d'East High*, c'est la *Journée Pyjama*.

— Comment ça va, Hannah ? lui lance Troy en tirant sur son haut de pyjama écossais en pilou. Prête pour l'examen d'algèbre ?

— Oui, répond Hannah, tout essoufflée. Enfin non, pas vraiment. Mais peu importe. J'ai quelque chose de bien plus important à te demander : est-ce que tu veux bien m'accompagner au bal, samedi ?

Troy ravale nerveusement sa salive.

— Ah..., bredouille-t-il en cherchant à gagner du temps.

Il en est à sa quatrième invitation. Hannah aujourd'hui, Ami, hier, plus deux autres filles qui lui ont téléphoné la veille au soir. En revanche, pas de nouvelles de Gabriella.

— Je suis très flatté mais disons que... j'ai prévu d'y aller avec quelqu'un d'autre.

Soudain, une voix en provenance de l'entrée principale détourne leur attention.

— Laissez passer !

Troy jette un œil par-dessus son épaule et écarquille les yeux en voyant Sharpay, vêtue d'un pyjama de soie rouge vif, imprimé d'une ribambelle de logos des Wildcats. Ses pieds sont chaussés de deux pantoufles en cuir en forme de chats sauvages. Sharpay se précipite vers Troy, écartant Hannah au passage.

— Désolée, ma petite Heidi, mais je dois discuter d'une chose *very* importante avec Troy.

— Je m'appelle Hannah, répond sèchement la brunette à Sharpay qui lui tourne déjà le dos.

À ces mots, cette dernière tourne la tête d'un air faussement surpris.

— Tu es encore là, toi ?

Sans attendre de réponse, elle effectue une nouvelle pirouette avant d'afficher un large sourire.

— Bonjour, Troy. J'adore ton pyjama !

Troy lance un coup d'œil à Hannah, qui lève les yeux au ciel, puis s'éloigne, furieuse.

— J'aime bien le tien aussi, Sharpay. Très East High.

— Je l'ai fait faire sur mesure. Les chaussons aussi, d'ailleurs. Ne sont-ils pas *adorables* ?

Elle lève un pied en l'air pour que Troy puisse admirer la pantoufle.

C'est alors que le garçon aperçoit une énorme créature poilue qui s'approche d'eux. Recouverte d'une fourrure beige, elle porte un débardeur sans manches aux couleurs des Wildcats. Seule une paire d'yeux bleu-gris indique la présence d'une vie humaine à l'intérieur. Il lui semble qu'il a déjà vu ces yeux quelque part...

— Ryan ! C'est toi, mon vieux ?

— C'est bien moi, répond une petite voix misérable.

— Et..., donc ceci est le pyjama dans lequel tu dors tous les soirs ?

— Bien sûr que non, réplique Sharpay à la place de son frère. C'est pour aller avec ma tenue. Ryan est déguisé en chat sauvage, en anglais : *Wildcat.* C'est un peu comme ma peluche géante, dans l'esprit de la *Journée Pyjama,* tu saisis ?

Troy esquisse un sourire, à la fois amusé et consterné. « Pas de doute, même lors d'une simple *Journée Pyjama,* on peut toujours compter sur Sharpay pour en faire des tonnes. »

— Ah, d'accord... Chouette costume, Ryan, conclut Troy en lui tapotant l'épaule.

« Sharpay cherche déjà à s'attirer les faveurs du jury pour obtenir le titre de *Reine d'East High*, se dit-il. Et quand Sharpay veut quelque chose, elle emploie toujours les grands moyens ! »

— Alors, dis-moi, Troy, reprend l'adolescente d'un ton assuré, as-tu déjà une cavalière pour le bal ? Car il se trouve justement que je suis...

— Excuse-moi un instant, la coupe ce dernier qui vient d'apercevoir Gabriella. Je reviens tout de suite, O.K. ?

— Mais... J'étais sur le point de te demander si...

Une fois de plus, Troy ne lui laisse pas le temps de terminer sa phrase et s'élance à la rencontre de Gabriella.

La jeune fille traverse le hall bondé, mais c'est à peine si elle perçoit l'agitation habituelle de ce lundi matin. Depuis cette fameuse conversation téléphonique, Gabriella n'arrive plus à penser à autre chose. Au point qu'elle a failli oublier cette *Journée Pyjama* ! Par chance, elle s'en est souvenue à la dernière minute, juste le temps d'enfiler une chemise de nuit bleu clair et ses ballerines préférées.

« Comment maman peut-elle songer à déménager une fois de plus ? se demande-t-elle pour la quinzième fois. Elle m'avait promis que ça n'arriverait plus, que cette fois, on allait rester... »

— Gabriella !

Dès qu'elle aperçoit Troy courir vers elle, Gabriella chasse ses idées noires. Elle se force à sourire et lui fait signe à son tour.

— Joli pyjama !

— Merci. Je te retourne le compliment !

Mais Gabriella se replonge aussitôt dans ses pensées. Est-ce vraiment possible qu'elle doive *déjà* quitter East High ? Le problème, c'est qu'elle n'est sûre de rien...

— Gabriella, tu as entendu ce que je viens de dire ?

— Non, désolée, Troy. Sans doute parce que c'est un peu bruyant ici. Tu disais ?

— ... je me demandais si Sharpay comptait venir accompagnée d'un chat sauvage au bal de samedi pour être fidèle à *l'Esprit d'East High* et remporter le titre de *Reine d'East High*. J'ai hâte d'y être pour voir ce qu'elle nous réserve, pas toi ?

— Sûrement... Je veux dire, si, bien sûr.

À vrai dire, Gabriella se fiche de connaître le sort réservé à Sharpay au bal de ce week-end. L'espace d'un instant, elle hésite à se confier à Troy.

— Écoute, Troy...

Mais au dernier moment, elle s'interrompt en se mordant les joues. *Où a-t-elle la tête* ?

— Que se passe-t-il, Gabriella ?

Troy se rapproche de son amie en l'observant avec attention. Elle secoue la tête.

« À quoi bon lui gâcher cette semaine de fête en lui apprenant la mauvaise nouvelle ? »

— Non, je voulais juste te dire que... j'aime beaucoup ton pyjama.

Troy baisse le nez vers ses chaussures avant de croiser à nouveau le regard de Gabriella.

— J'ai cru une seconde que tu allais me demander...

— Troy ! l'interrompt Sharpay en bousculant la foule sur son passage. Voilà donc où tu te cachais… Tu m'avais pourtant dit que tu revenais tout de suite ! Je dois absolument te parler de quelque chose... mais en privé !

Gabriella quitte le hall pour rejoindre son prochain cours. Sur le chemin, elle passe devant l'amphithéâtre. Elle entend des bruits de battements et de claquements.

Elle s'arrête pour jeter un coup d'œil à l'intérieur. Immédiatement, elle reconnaît Kelsi Neilsen qui avait composé le spectacle musical du trimestre dernier. La jeune compositrice se débat pour soulever une grande planche du décor. Elle parvient finalement à la hisser de quelques centimètres mais manque aussitôt de basculer en arrière au bord de la scène. Au dernier moment, elle lâche prise, et la planche retombe en se fracassant sur le sol.

— Tout va bien ? s'écrie Gabriella, en accourant vers elle.

Kelsi sursaute, manquant de nouveau de dégringoler de la scène.

— Oh ! Bonjour, Gabriella, répond-elle, d'une voix douce et timide.

Elle remonte ses lunettes du bout de l'index.

— Je ne t'ai pas entendue entrer.

— Qu'est-ce que tu fais ? demande Gabriella en parcourant l'amphithéâtre du regard.

Comme toujours lorsque le club de théâtre est en plein préparatif du décor, la salle est jonchée de matériaux divers et variés.

— C'est pour le bal de samedi soir. Mme Darbus est en charge de la décoration et… elle tient à ce que la salle « scintille et brille de mille feux », façon remise des Oscars, tu vois le genre ?

— Oui ! C'est tout elle, ça ! s'exclame Gabriella en riant. Mais ça m'a aussi tout l'air de représenter bien trop de travail pour une seule personne. Tu as besoin d'un coup de main ?

— Merci, répond Kelsi, reconnaissante. Maintenant que tu en parles...

Ni une, ni deux, Gabriella pose son sac à dos sur une chaise et s'empresse d'attraper un bout de la planche. Pour Gabriella, donner un coup de main à Kelsi, c'est la moindre des choses, sans compter que cette dernière sait très bien garder un secret. Si elle se confie à elle à propos de ce qu'elle a entendu, peut-être qu'elle pourra la conseiller...

— Eh, regardez ! crie quelqu'un parmi la foule qui envahit le hall d'East High. Sharpay porte une maison sur la tête !

Troy interrompt sa conversation avec ses amis et lève les yeux. Les bras lui en tombent ! Un énorme machin calé sur la tête de Sharpay oscille dangereusement dans les airs. On dirait une maison de poupée mutante fixée à un grand chapeau.

— Qu'est-ce que c'est que ce *truc* ? lance un élève à Sharpay.

La jeune fille s'arrête, atterrée.

— C'est pourtant évident, non ? C'est

mon chapeau pour la *Journée du Chapeau* ! Un modèle réduit de notre cher lycée d'East High, vous saisissez ?

Elle lève une main en pointant soigneusement du doigt vers le sommet de la structure posée sur son crâne.

— Et là, sur le toit, c'est moi en train d'agiter le drapeau de l'école.

Troy se planque derrière Zeke tandis que Sharpay se retourne et scrute les alentours. Apparemment, elle cherche quelqu'un, et il n'a aucune envie qu'elle le repère. Deux fois de suite, la veille, l'adolescente l'a invité au bal, sans compter la fois où elle a interrompu sa conversation avec Gabriella avant les cours. Troy ne tient absolument pas à devoir trouver une nouvelle excuse pour décliner son invitation.

— Hé ! s'exclame Chad, les yeux rivés sur Sharpay. Quelqu'un devrait expliquer à cette fille que c'est la *Journée du Chapeau* aujourd'hui. Pas celle du *J'empile-tout-ce-que-je-peux-sur-ma-tête* !

Jason affiche un large sourire moqueur.

— Une chance que son cou soit habitué à soutenir sa grosse tête de prétentieuse. Sinon, il se briserait en deux sous ce poids.

Troy se met à rire, mais il ne les écoute pas vraiment. Depuis son arrivée au lycée, il n'a pas cessé de chercher Gabriella du regard, et il vient de la voir entrer dans le hall.

— Je vous rejoins plus tard, les gars.

Il s'élance en direction de la jeune fille.

— Salut ! Joli chapeau !

D'une main, Gabriella relève la visière de la casquette de baseball bleu qui recouvre son front.

— Tu parles, répond-elle en riant, j'ai failli oublier que c'était la *Journée du Chapeau*. C'est ce que j'ai trouvé de mieux.

— Vraiment ? Dans ce cas...

Troy s'empare de son chapeau, un sympathique haut-de-forme à rayures.

— ... on peut échanger ?

— Non, merci, ça ira !

— Vraiment, j'insiste…, continue Troy en affectant une voix sérieuse, avant de lui mettre de force son chapeau dans les mains. Je ne tiens pas à ce que tu aies l'air ridicule lors de la *Parade des Chapeaux*...

Troy ne peut retenir un sourire complice.

— ... surtout après avoir assisté à l'humiliante victoire de Chad, qui a remporté le trophée du plus beau pyjama hier !

Un sourire illumine le visage de Gabriella. D'une manière ou d'une autre, à chaque fois qu'elle n'a pas le moral, Troy parvient toujours à ce qu'elle se sente au moins un petit peu mieux.

— Merci, lui répond-elle, en procédant finalement à l'échange. Et ne t'en fais pas : si jamais je remporte le prix avec ce chapeau, je n'oublierais pas de te remercier dans mon discours.

— Marché conclu !

Puis, le capitaine des Wildcats se tait, en attendant que Gabriella ajoute quelque chose.

Cette dernière s'éclaircit nerveusement la gorge. Doit-elle, oui ou non, lui dire ce qui lui arrive ? Le fait d'avoir partagé son secret avec Kelsi la veille l'a soulagée l'espace de quelques heures mais aujourd'hui, l'inquiétude a largement repris le dessus. « Je n'ai vraiment pas été moi-même ces derniers temps. Troy doit sûrement sentir que je suis préoccupée... »

— Alors ? reprend Troy au bout de quelques minutes de silence. Tu as quelque chose à me...

Mais la sonnerie des cours retentit.

— Oups ! on ferait mieux d'y aller, lui lance Gabriella, soulagée d'être sauvée par le gong.

Elle tend le bras et tapote son nouveau chapeau.

— Je ne tiens pas à gaspiller cette petite merveille en manquant la parade de la classe.

Troy en vient à se demander s'il ne vit pas dans un monde parallèle, un monde dans lequel Gabriella Montez n'a aucune intention de l'inviter au bal du lycée. Car malgré le nombre d'allusions qu'il lui a lancé, elle n'a toujours pas dit un mot à ce sujet.

— Alors, ça y est, elle t'a proposé de l'accompagner ? lui demande Chad lorsqu'ils se retrouvent aux vestiaires avant l'entraînement de basket.

Troy secoue la tête en soupirant.

— Toujours pas. Par contre, Suzanne Kane et Ashley Ramirez, si.

— Et Sharpay ?

Troy lève les yeux au ciel.

— Oui, elle aussi, ajoute-t-il. *Trois fois.*

— Cette fille ne comprend pas le sens du mot « non », on dirait ! s'exclame Chad en riant. Si tu l'avais vue en train de débattre avec Mme Darbus ce matin, quand la prof a remis le prix du plus beau chapeau à Cyndra… Je t'assure, Sharpay n'a rien à faire dans un lycée. Elle devrait plutôt plaider à la Cour suprême ou quelque chose comme ça !

Troy se met à rire mais au fond, ça ne l'amuse pas tant que ça. Il commence à en avoir assez de devoir repousser les invitations des autres filles. Qu'est-ce que Gabriella attend pour l'inviter ?

— Alors, prêt à enflammer le terrain, mon ami ? demande Chad, en claquant la porte de son casier. L'entraînement commence dans vingt minutes.

— Je te retrouve là-bas, lui répond Troy.

Après le départ de Chad, l'adolescent part à la recherche de Gabriella. En dépit de ses doutes, il n'est pas près de lâcher prise. Peut-être est-elle trop timide pour oser l'inviter devant les autres ? Si seulement il pouvait la voir seul à seul quelques minutes, et lui lancer, subtilement, une ou deux autres allusions...

Peu à peu, les couloirs d'East High deviennent déserts et silencieux. Tous les élèves ont déjà quitté le lycée ou se sont volatilisés à leurs réunions, leurs entraînements, ou leurs répétitions. Troy pique un sprint pour regagner le gymnase. Heureusement, il arrive à temps sur le terrain, juste avant que son père ne siffle le début de l'échauffement. Chad lui donne un petit coup de coude.

— Où est Zeke ? Est-ce que tu l'as croisé sur le chemin ?

Troy secoue mollement la tête en lançant un coup d'œil à son père. Soudain, il aperçoit Zeke déboulant à toute allure dans le gymnase, à bout de souffle et couvert d'une substance blanche qui ressemble étrangement à de la farine.

L'entraîneur Bolton l'a repéré, lui aussi.

— Ravi que vous ayez pu vous joindre à nous, monsieur Baylor.

— Désolé, m'sieur, répond Zeke en s'époussetant de son mieux. Je n'ai pas vu le temps passer. Ça ne se reproduira plus.

— J'y compte bien.

Zeke s'empresse de rejoindre ses coéquipiers au pas de course.

— Qu'est-ce qui t'est arrivé ? lui chuchote Jason.

— La pendule de l'atelier cuisine retarde, lui souffle Zeke.

— *L'atelier cuisine* ? s'exclame Chad en

roulant des yeux. Tu passes beaucoup trop de temps dans cet endroit !

Troy est surpris, lui aussi. Peu de temps auparavant, tous ont découvert le petit secret de leur copain : Zeke adore faire de la pâtisserie. Durant son temps libre, il concocte toutes sortes de gâteaux, de biscuits, et de tartes, sans parler de sa crème brûlée qui, déjà, est une véritable légende. Pour autant, arriver en retard à l'entraînement à cause des cours du soir de pâtisserie ne lui ressemble pas.

— C'est à cause des fêtes de la semaine, explique Zeke. J'ai donné un coup de main pour l'organisation, en préparant quelques gâteaux pour le grand bal de samedi. D'ailleurs, je viens juste de terminer une grosse fournée de biscuits à l'effigie des Wildcats !

— C'est sympa, lance Troy. J'ai hâte d'y goûter !

— T'as raison, intervient Chad. Et ce sera « sympa » aussi, si on perd le match parce que *môssieur Zeke* pense plus à ses nappages qu'à ses lancers francs. Tu ne dois penser qu'au jeu, mon pote !

— Ne t'inquiète pas pour moi, rétorque aussitôt Zeke, je serai dedans à trois cent pour cent !

Un sifflement strident les interrompt soudain.

— Suffit les bavardages ! aboie l'entraîneur. Vous êtes l'équipe des Wildcats ou une bande de pipelettes ?

— *Les Wildcats* ! hurlent en chœur Jason, Chad et Zeke.

Troy lève son poing dans les airs.

— Alors, en avant, les Wildcats !

— Bien ! reprend son père, apparemment satisfait. Voyons voir ce que donne cet exercice de tir en course qu'on a vu la dernière fois. Et donnez-vous à fond !

— Salut, Gabriella ! Alors, où est ton jumeau ? crie une voix tandis que la jeune fille descend du bus scolaire en ce mercredi matin.

— Je suis fille unique ! Ce sera sans jumeau pour moi aujourd'hui, répond Gabriella à la fille qui vient de l'interpeller.

Cette dernière hausse les épaules, puis se tourne vers la « jumelle » qui se tient à ses côtés en lui chuchotant quelque chose à l'oreille. Toutes deux sont vêtues d'un jean, d'un pull rose et d'un foulard assorti noué autour de leur cou.

« Je ne suis vraiment pas d'humeur à ça », se dit Gabriella en jetant un œil à la foule alentour. Quel que soit l'endroit où se pose son regard, elle voit double. Et pour cause : c'est la *Journée des Jumeaux* à East High. Troy comme Taylor ont proposé à Gabriella d'être leur jumeau mais elle a refusé. Elle est bien trop préoccupée par cette histoire de déménagement.

Les mêmes questions reviennent sans cesse : comment elle a pu être assez idiote pour croire qu'elle allait rester pour de bon à East High ? Pourtant, cette fois, sa mère a promis... Mais elle travaille beaucoup ces derniers temps. Un peu comme à chaque fois qu'elle se prépare à une nouvelle promotion…

HSM HSM

Pendant ce temps, Troy s'attarde dans le hall du lycée avant de regagner sa classe, avec le sentiment, lui aussi, de ne pas être très à l'aise au milieu de tous ces « jumeaux ». Mais il sourit en voyant arriver Chad. Son copain a le même look que d'habitude : un jean, un tee-shirt, et une balle de basket calée sous le bras.

— Te voilà ! s'exclame Troy, en s'avançant vers lui pour lui taper dans la main. Je commençais à croire que j'étais le seul élève du lycée sans jumeau. On dirait que t'es tout seul, toi aussi ? Ça te dirait qu'on aille enfiler les maillots de l'équipe pour être assortis ?

— Désolé, mon frère, j'ai déjà un jumeau.

— Ah ? Vraiment ? Mais qui ? bafouille Troy, surpris.

Il sait que Jason et Zeke ont décidé de faire équipe et que le reste du groupe des Wildcats n'est pas libre non plus.

— Taylor. Je suis censé la retrouver à son casier maintenant... Je crois qu'elle m'a apporté un chapeau.

Troy sent son cœur se serrer. La veille au soir, Gabriella avait refusé d'être sa jumelle, alors il avait essayé de joindre Chad. Mais la ligne était restée occupée pendant plus d'une heure, et il avait fini par abandonner. À présent, il comprend que son ami était sans doute au téléphone avec Taylor.

— Ça signifie que vous avez recollé les morceaux tous les deux ? Parce qu'aux dernières nouvelles, elle était encore très en colère contre toi après ton comportement de l'autre jour au centre commercial...

Chad hausse les épaules, penaud.

— En fait, elle est toujours un peu fâchée, avoue-t-il. Mais comme Gabriella ne voulait pas être sa jumelle, elle a décidé que je ferai l'affaire... et je me suis dit que ce serait une bonne occasion pour moi de la reconquérir en usant de mon charme et de mon intelligence.

Bien sûr, Troy est ravi d'apprendre que ses deux amis sont bien partis pour se réconcilier. Mais ça signifie aussi qu'il sera tout seul aujourd'hui.

— Bien, lance-t-il en essayant de ne pas avoir l'air trop déçu. Je suis donc condamné à jouer le rôle du fils unique toute la journée !

— Coucou, Troy ! s'écrie Sharpay en accourant vers les deux garçons. J'ai rêvé ou tu viens de dire que tu n'avais pas de jumeau ?

Troy grimace, regrettant aussitôt de ne pas avoir parlé moins fort. Chad se contente d'adresser un sourire malicieux à son copain avant de disparaître dans la foule.

— Non, tu as bien entendu, Sharpay, soupire Troy, gêné. J'ai bien peur de devoir être fils unique pour le restant de la journée. Par contre, je constate que, comme d'habitude, Ryan et toi faites votre numéro ensemble.

Sharpay jette un œil embarrassé vers son frère planté dans son dos. Tous deux portent un pantalon noir cousu de strass sur les côtés, une chemisc blanche en soie, un boléro rouge, et un drôle de chapeau avec un plumet noir. Lorsque Ryan se tourne pour enlever une petite peluche de son pantalon, Troy distingue, sur le dos de sa veste, un logo des Wildcats souligné de paillettes noir et argent.

— Oui..., marmonne Sharpay en haussant les épaules, mais je suis certaine que Ryan serait ravi de te céder sa place. Après tout, le capitaine de l'équipe de basket et la future *Reine d'East High* ne peuvent pas rester seuls pendant la *Journée des Jumeaux* !

— Euh, je ne sais pas...

— Ne me remercie pas, ajoute-t-elle, mielleuse. C'est l'occasion idéale de nous entraîner à former un beau couple... pour samedi soir, lorsque nous serons couronnés *Roi* et *Reine d'East High* ! D'ailleurs, raison de plus d'aller au bal *ensemble*. Tu es sûr de ne pas vouloir changer d'avis ?

Troy ouvre la bouche, s'apprêtant à décliner, une fois de plus, l'offre de la jeune fille, puis hésite... Il doit commencer à passer pour un idiot à force d'attendre que Gabriella l'invite au bal... Et puis en dehors de Sharpay, toutes les filles qui l'ont invité se sont tournées vers d'autres garçons. S'il se retrouve le seul de l'équipe sans cavalière, il aura vraiment l'air du type le plus minable de tous les temps.

Sauf que, pour autant qu'il sache, Gabriella n'a invité personne d'autre. Donc il a encore un espoir... non ? Il secoue vigoureusement la tête pour tenter de chasser ses doutes.

— Comme je te l'ai déjà dit, Sharpay, je ne pense pas que ce soit une bonne idée.

— Certain ? Parce que mon petit doigt me dit que tu n'as toujours pas de cavalière. Et s'il y a bien une chose pire qu'un futur Roi sans jumeau, c'est... bref, peu importe. Et si en attendant, toi et Ryan alliez dans les toilettes des garçons pour échanger vos tenues ?

Ryan s'éclaircit la gorge, inquiet.

— Attendez, pourquoi on ne formerait pas un couple de triplés, plutôt ? On devrait pouvoir trouver une tenue assortie pour Troy dans la penderie à costumes du club de théâtre.

— Des triplés ? s'écrie Sharpay en roulant

des yeux, exaspérée. Je te rappelle que le mot « couple » implique *deux* personnes. Pas *trois* ! Bon, Troy, pour le bal...

— Viens, Ryan, allons échanger nos tenues ! la coupe aussitôt Troy.

Même s'il n'est pas emballé à l'idée de déambuler dans le lycée déguisé en torero qui serait tombé dans une cuve de paillettes, c'est le prix à payer pour faire taire Sharpay, au moins pour quelques heures. Et en attendant, il doit absolument se décider concernant Gabriella.

Pendant que Troy se change, un plan lui vient à l'esprit. « C'est comme quand on a deux points de retard sur l'équipe adverse et qu'il ne reste plus qu'une minute à jouer, réfléchit-il. Il n'y a plus une minute à perdre. Il faut que je m'empare de la balle et que je fonce jusqu'au panier... enfin, que je trouve Gabriella et lui demande simplement si elle a l'intention de m'inviter à ce maudit bal. »

Troy se sent déjà un peu mieux. Dans son équipe, il a l'habitude de mener le jeu. Cette situation est-elle vraiment si différente ?

— À plus tard, mec ! lance Troy à Ryan, qui semble légèrement mécontent en contemplant le jean délavé et le vieux sweat gris à capuche qu'il porte à présent. Je dois... aller faire une course !

Il fonce directement au bureau de Mme Darbus pour voir si Gabriella est déjà là-bas. Elle n'y est pas, contrairement à Taylor, qui s'impatiente en tapant du pied, les yeux rivés sur sa montre.

— Troy ! s'exclame-t-elle en l'apercevant. As-tu vu Chad, par hasard ?

— Oui, à l'instant. Il était sur le point de te rejoindre à ton casier. Et toi, tu n'aurais pas vu Gabriella ?

— À mon casier ? s'écrie la jeune fille, en

levant les yeux au ciel. Mais qu'est-ce qui cloche chez ce garçon ? Je lui ai dit de me retrouver *ici* !

Elle se précipite vers la porte, heurtant Troy au passage.

— Taylor ! s'écrie-t-il. Gabriella... tu sais où elle est ?

— Non, désolée. Pas vue ! lui répond la jeune fille avec un sourire d'excuse.

Troy lui emboîte le pas, puis s'élance à travers les couloirs du lycée à la recherche de Gabriella. Mais aucune trace de la jeune fille, ni à son casier, ni au labo de chimie, et lorsqu'il passe la tête dans l'amphithéâtre, les seules personnes en vue sont Kelsi et Zeke.

— Salut, Troy ! lui lance ce dernier, en brandissant un pinceau. T'es venu nous donner un coup de main pour la déco du bal ? J'ai proposé à Kelsi de l'aider pendant que ma dernière fournée de gâteaux refroidit.

— Peut-être plus tard, O.K. ? Euh... Gabriella n'est pas là ?

— Non, pas aujourd'hui, lui répond Kelsi

en trempant son pinceau dans un pot de peinture rouge.

— Bon, merci quand même. À plus !

De retour dans le hall, Troy aperçoit enfin Gabriella. Debout aux côtés de Ryan, l'adolescente rit joyeusement tandis que celui-ci tripote quelque chose dans ses cheveux.

— Gabriella !

La jeune fille lève la tête en reconnaissant la voix de Troy. Il porte une tenue un peu ridicule, manifestement trop petite pour lui d'au moins deux tailles. Malgré tout, il reste très mignon.

Pendant quelques minutes, Ryan l'a aidée à oublier un peu ses soucis. Après avoir découvert que, comme lui, elle n'avait pas de jumeau pour la journée, ce dernier avait insisté pour qu'ils fassent équipe lors de la parade, bien que le seul point commun de leur tenue soit un jean. Ils s'étaient bien amusés à préparer leur costume, composé principalement de peignoirs de gym et de chapeaux en papier journal.

Mais en voyant Troy, Gabriella est de nouveau submergée par ses problèmes. Jamais elle n'arriverait à lui dire au revoir.

— Joli costume..., lance Gabriella. Très classe.

— Merci.

Troy esquisse une grimace en baissant les yeux vers ses vêtements.

— Enfin... peu importe. Je dois absolument te parler.

Il a une expression à la fois sérieuse et sincère, et Gabriella sent les larmes lui monter aux yeux. C'est stupide : elle doit lui dire la vérité, lui expliquer pourquoi elle s'est comportée de manière si étrange cette semaine.

« Non, se ressaisit-elle brusquement. La fête est déjà suffisamment gâchée pour moi, je ne vais pas lui infliger la même chose – ni à personne d'autre, d'ailleurs. Je n'aurais même pas dû le dire à Kelsi. C'était totalement égoïste de ma part de lui déballer mes problèmes comme ça. Heureusement, je lui ai fait promettre de ne rien dire aux autres. »

— Gabriella, ça va ? s'inquiète Troy.

Au même moment, les haut-parleurs du lycée se mettent à grésiller. Le principal Matsui annonce que la *Parade des Jumeaux* est sur le point de commencer.

— Allons-y ! s'écrie Ryan en ajustant son peignoir. Il faut qu'on se trouve une place au premier rang si on veut avoir une chance de gagner ce trophée.

Gabriella adresse un coup d'œil désolé à Troy.

— Excuse-moi, je dois y aller.

Saisissant la main de Ryan, la jeune fille traverse la foule rassemblée pour le défilé.

HSM

— Ne bouge pas, Gabriella ! Je dois encore ajouter des épingles.

Gabriella retient sa respiration et tente de se tenir aussi immobile que possible pendant que sa mère retouche la robe ancienne qu'elle porte. « Maman semble bien plus excitée que moi par cette *Journée des Personnages Historiques* », constate-t-elle en ravalant un soupir.

— Ce n'est pas la peine de te donner tant de mal...

Mme Montez attrape une des épingles qu'elle tient dans la bouche.

— Mais ça ne m'embête pas, au contraire. Je veux que tu sois la plus ressemblante des petites Marie Curie ! Allez, tiens-toi droite.

Gabriella sourit mollement, et fixe la tête baissée de sa mère dans l'espoir de deviner ses pensées. Est-elle en train de songer au déménagement ? De se demander quand et comment elle va annoncer la nouvelle ? « Peut-être qu'elle attend... exactement comme je le fais avec mes amis, se dit soudain Gabriella. Peut-être qu'elle attend la fin de la fête d'East High pour porter le coup fatal. »

Ce serait le moment idéal pour questionner sa mère sur la fameuse conversation téléphonique… mais elle n'en a tout simplement pas le courage. Pas maintenant.

— Voilà ! s'exclame sa mère en reculant pour examiner le costume de sa fille. Maintenant, tu as vraiment l'air d'une lauréate du prix Nobel de physique du début du siècle !

Mme Montez se met à rire, ravie de son œuvre.

— Je devrais peut-être me trouver un emploi de costumière pour Broadway, qu'est-ce que tu en penses ?!

Gabriella soupire bruyamment, avec la sensation très nette d'avoir reçu un coup de poing dans l'estomac. *Des costumes pour Broadway* ? Comme par hasard... Broadway se trouve à New York ! Sa mère a donc bel et bien New York en tête !

— Qu'est-ce qui ne va pas, ma chérie ?

Mme Montez semble soudain inquiète.

— Rien, je..., marmonne Gabriella, en faisant de son mieux pour retrouver son calme. Je viens juste de me rappeler que j'ai donné rendez-vous à Taylor devant la salle de cours pour l'aider à ajuster sa tenue. Je vais être en retard !

Elle empoigne brutalement sa blouse de laboratoire et sort précipitamment de sa chambre. Elle ferait peut-être aussi bien d'admettre la vérité : elle va bientôt repartir.

Tout ce qu'elle peut faire, c'est profiter au maximum du temps qu'il lui reste à East High.

Gabriella réalise soudain que le bal est dans moins de deux jours. « Aujourd'hui, je vais inviter Troy au bal de samedi, décide-t-elle. Ça suffit de broyer du noir ! »

Lorsqu'elle pénètre dans le hall du lycée un moment plus tard, la jeune fille cherche Troy du regard. Malheureusement, les seuls visages familiers qu'elle distingue sont ceux de Sharpay et Ryan, tous deux vêtus d'une tenue de soirée du début du XXe siècle, vraisemblablement d'origine.

Sharpay, qui vient aussi de repérer Gabriella, se précipite vers elle.

— Laisse-moi deviner... tu es Marie Curie, n'est-ce pas ? Très mignonne. J'ai interprété ce personnage un jour dans une comédie musicale.

— Et vous deux, qui êtes-vous censés représenter ?

— Ravie que tu le demandes, rétorque Sharpay, en haussant le ton dans l'espoir que le principal Matsui, qui passe justement près d'eux, l'entende. Nous incarnons Suzanne et Jonathan Smith, les fondateurs d'East High !

— Ce n'était pas mon idée, marmonne Ryan en haussant les épaules. J'avais prévu de me déguiser en Charlie Chaplin...

Sharpay fusille son frère du regard, manifestement agacée par sa remarque.

— Parfaitement, c'est *mon* idée. Étant donné que c'est la *Semaine de l'Esprit d'East High,* j'ai pensé que ce serait bien de célébrer l'esprit de notre école en... Hé !

Sharpay s'interrompt en reculant d'un bond alors que Chad et Jason manquent de lui rentrer dedans. Ils traversent le hall du lycée à toute allure, tous deux déguisés en Abraham Lincoln.

— Faites attention ! proteste Sharpay. Je vous signale que cette robe est une pièce de collection, très vieille et très fragile !

— Désolé ! lui lance Chad en donnant un dernier coup de coude à Jason avant de se retourner vers Sharpay et Ryan.

Il renifle.

— C'est vrai que ça sent le vieux !

Jason éclate de rire.

— Oui, et toute cette vieille poussière me donne envie d'éternuer !

Sharpay, folle de rage, leur tourne le dos en relevant la tête d'un air méprisant.

Gabriella ne sait pas trop si elle doit rire ou compatir. Mais avant qu'elle n'ait le temps de faire quoi que ce soit, elle aperçoit Kelsi qui remonte le couloir en bataillant sous le poids d'un énorme rouleau de tissu rouge et noir.

— Hé, attention avec ça !

La jeune fille se précipite vers son amie et empoigne une extrémité du rouleau.

— Merci, lui répond Kelsi d'une voix haletante. Je dois commencer à décorer le gymnase, et il reste une tonne de préparatifs pour le *Défilé de Supporters* de demain. Zeke était censé m'aider mais je crois qu'il a eu une urgence aux fourneaux, alors...

— N'en dis pas plus. On va tous te donner un coup de main, pas vrai les amis ?

— Tu plaisantes, j'espère ? s'écrie Sharpay. Je viens de dire que nos costumes sont très fragiles ! On a même dû signer des papiers avant que le musée d'histoire accepte de nous les prêter.

— Salut, tout le monde ! Que se passe-t-il ?

Gabriella se retourne et découvre Troy, habillé en orfèvre du XVIIIe siècle.

— Bonjour, Troy ! lance-t-elle en rougissant.

Le jeune homme la salue d'un sourire, puis se tourne vers Kelsi.

— Tu m'as tout l'air d'avoir besoin d'aide, dit-il en attrapant l'extrémité du rouleau de tissu que Gabriella tient entre ses mains. Où est-ce qu'on emmène ça ?

— Merci, Troy ! soupire Kelsi, soulagée. C'est par là, suis-moi.

Gabriella leur emboîte le pas. C'est peut-être le bon moment pour inviter Troy au bal... d'ailleurs, c'est ce qu'elle va faire dès qu'ils auront quitté le hall. L'idée de faire sa demande devant Kelsi ne la gêne pas trop, par contre, devant Sharpay et Ryan, c'est une autre histoire...

Mais Gabriella n'a pas le temps de faire plus de trois pas qu'elle sent quelqu'un la retenir en arrière par le bras.

Sharpay, bien sûr.

— On dirait que ça marche à merveille !

— Quoi ? Qu'est-ce qui marche ? s'étonne Gabriella.

— Comme si tu n'avais pas remarqué le sourire que Troy vient de te lancer ! Je vois que tu as suivi mes conseils et gardé tes distances. Bien joué. Il est évident qu'il t'apprécie d'autant plus !

— Ah bon ? Tu crois, vraiment ?

Sharpay affiche un sourire perfide et lui lance un clin d'œil.

— Continue comme ça, et tu finiras par l'avoir à tes pieds. C'est *en-fan-tin* !

Gabriella fait demi-tour et cherche Troy et Kelsi du regard mais déjà, leurs silhouettes disparaissent dans le couloir. Comme elle s'apprête à les rattraper, la voix du principal Matsui résonne dans les haut-parleurs, invitant tous les élèves à se rassembler dans le hall pour le *Défilé des Tenues d'Époque.*

— Et zut ! soupire la jeune fille.

Puis elle aperçoit Taylor habillée en costume de Cléopâtre.

— Je peux te parler une seconde ? lui souffle Gabriella.

Elle regarde autour d'elle pour s'assurer que personne ne l'écoute.

— C'est au sujet de Troy.

— Et ? Quel est le problème ?

Gabriella détecte tout de suite une pointe d'agacement dans la voix de son amie. Mais la parade va commencer d'une minute à l'autre, alors Gabriella se lance.

— Tu te souviens que toute la semaine j'ai voulu lui demander d'être mon cavalier au bal, n'est-ce pas ? Et tu te souviens aussi de ce que Sharpay m'avait conseillé... de rester distante et de ne pas me montrer trop enthousiaste ? Eh bien, je viens de la croiser, et elle trouve que ça fonctionne ! Elle pense que Troy m'apprécie d'autant plus, quelque chose comme ça... Tu crois qu'elle a raison ?

Taylor hausse les épaules.

Qu'est-ce que j'en sais, moi ? Je suis la dernière à qui tu devrais demander conseil à propos des garçons. Pour ma part, je les trouve tous complètement nuls !

— Comment ça ? Attends, je croyais que vous vous étiez réconciliés Chad et toi, lors de la *Journée des Jumeaux* ?

— Moi aussi, je croyais...

Taylor penche la tête, l'air perplexe.

— ... mais alors comment expliques-tu qu'il refuse toujours de me donner une réponse pour le bal alors que je viens à l'instant de lui redemander d'être mon cavalier ?

Taylor tourne les talons et pénètre dans la salle de classe, l'air furieux. Gabriella l'observe, impuissante. Comment est-il possible que l'équation la plus complexe soit un jeu d'enfant pour elle mais qu'elle soit incapable de comprendre les réactions humaines ?

— Allez, les Wildcats ! s'écrie Troy en entrant dans le gymnase avec ses coéquipiers le lendemain midi.

L'heure du grand *Défilé de Supporters* est arrivée et le capitaine des Wildcats a hâte que ça commence ! La moitié des étudiants sont déjà installés dans les gradins. Ils poussent des cris en voyant Troy entrer sur le terrain. Il leur adresse un sourire rayonnant, et lève le pouce en signe de victoire.

— Ça va être génial ! s'exclame Jason tandis que les basketteurs se dirigent vers les bancs qui leur sont réservés. Mais au fait, où est Zeke ?

Chad hausse les épaules, en jetant un œil dans la salle.

— Sans doute plongé jusqu'au cou dans sa pâte à gâteaux...

Troy continue à balayer les gradins du regard. Ce n'est pas Zeke qu'il cherche, c'est Gabriella. Malheureusement, la jeune fille reste introuvable. Sharpay, elle, est déjà postée dans la rangée de sièges juste derrière les basketteurs. Elle leur fait un petit signe de la main.

— Voici nos petits héros du lycée ! Prêt pour le match de demain, les garçons ?

Troy sourit, amusé, en examinant la tenue de Sharpay. C'est la *Journée des Couleurs* d'East High, et la jeune fille est en rouge et noir de la tête aux pieds. Ses cheveux blonds sont teints en rouge vif, elle porte un tee-shirt rouge, un pantalon noir, et des escarpins noirs à nœuds rouges.

— Eh bien, Sharpay... on peut dire que tu es totalement dans l'esprit Wildcats aujourd'hui ! commente Troy en retenant un fou rire.

— Mais où es ton frère ? demande Jason. J'ai hâte de voir comment il est habillé !

La jeune fille hausse les épaules.

— Il sera bientôt là. Gabriella l'a intercepté à l'entrée du gymnase, sous prétexte d'un truc très important à lui demander...

À la façon que Sharpay a de le fixer, Troy se sent subitement mal à l'aise. Pourquoi cet air mystérieux ? Mais il n'a pas le temps de réfléchir davantage à la question car Ryan entre dans le gymnase. Comme sa sœur, il est entièrement vêtu de rouge et noir avec, en plus, un chapeau rouge orné d'une plume noire.

— Salut, Ryan ! Gabriella est dans le coin ? demande Troy lorsque le garçon arrive à leur hauteur.

— Oui, je viens de lui parler. Elle arrive, répond-il en se tournant aussitôt vers Sharpay. Et je viens aussi de voir Mme Falstaff : elle a adoré nos costumes de la semaine !

La jeune fille tape frénétiquement dans ses mains.

— Excellente nouvelle ! Et un vote de plus pour moi !

Chad lève les yeux au ciel, affligé.

— N'oublie pas de nous prévenir le jour où tu décides d'être candidate pour un poste au gouvernement, Sharpay !

— Ah ça, non merci ! Je me contenterai du statut de *Reine d'East High*... du moins pour l'instant ! J'attends ce jour avec impatience, poursuit-elle en se penchant vers Troy. Surtout le moment où je danserai avec mon Roi.

Troy sourit d'un air gêné, tandis que ses coéquipiers sifflent.

— Oui, oui..., bredouille-t-il. Mais je compte bien danser aussi avec *ma* cavalière.

— Super, mec ! s'exclame Jason en lui tapant dans le dos. Alors, Gabriella a fini par t'inviter ?

Troy se sent plus embarrassé que jamais. Il est persuadé que ses joues sont aussi rouges que son maillot des Wildcats.

— ... pas exactement. Enfin, pas encore. Mais je suis certain que ça ne va pas tarder.

— Ah vraiment ? demande Sharpay. Tu as sans doute raison, Troy. Après tout, il te reste encore un peu plus de vingt-quatre heures avant le bal. D'ailleurs, elle semble tout à fait d'humeur à inviter son cavalier aujourd'hui, n'est-ce pas, Ryan ?

Le visage de Ryan se décompose.

— Qu'est-ce que tu racontes, Sharpay ? Gabriella et moi, on a juste...

— Inutile de raconter ta vie à tout le monde, le coupe-t-elle aussitôt.

Le sang de Troy ne fait qu'un tour. Sharpay sous-entend que Gabriella a invité Ryan au bal ? Ont-ils vraiment parlé de ça à l'entrée du gymnase ?

« Non, impossible, se raisonne Troy. Pourquoi l'inviter *lui* ? »

C'est alors qu'une image lui traverse l'esprit. L'image de Gabriella aux côtés de Ryan dans le hall du lycée, avant la reprise des cours. Oui, bien sûr, ils n'étaient pas seuls. Sharpay et Kelsi étaient là, elles aussi. Mais il y a aussi le jour d'avant, quand il les a vus partir en courant main dans la main tout sourires, habillés comme des jumeaux. Ils avaient l'air extrêmement liés...

Troy doit en avoir le cœur net. Il s'apprête à poser la question à Ryan mais, au même moment, le principal Matsui et l'entraîneur Bolton font leur entrée dans le gymnase, sous les acclamations de la foule. L'adolescent se retourne, observant d'un œil distrait l'arrivée des supporters. Depuis le début, il a conscience que ce sera très humiliant si, au final, Gabriella ne l'invite pas au bal et qu'il se retrouve sans cavalière le jour J. Sauf qu'il ne croit pas vraiment à cette hypothèse. Ça ne peut pas arriver, pas à lui… pas comme ça…

— Écoute, Troy, chuchote Sharpay à son oreille. Je veux juste que tu saches que, au cas où tu en aurais assez d'attendre une *certaine* personne, mon invitation tient toujours.

Troy sent sa gorge se serrer tandis qu'il jette un œil à la jeune fille dans son dos…

— … on n'a qu'à se retrouver demain après-midi pour la déco de dernière minute, conclut Gabriella, distraite.

Tandis qu'elle règle les derniers préparatifs du bal avec Zeke et Kelsi dans le couloir, une clameur jaillit de l'intérieur du gymnase. Manifestement, le défilé est sur le point de commencer.

— Ryan m'a promis à l'instant qu'il viendrait nous aider et qu'il essaierait aussi de convaincre sa sœur…

— Bien, marmonne Zeke. Merci du coup de main ! Bon, si on allait s'installer maintenant ?

Gabriella n'en revient pas : la journée est déjà bien entamée et elle n'a toujours pas eu le temps de parler à Troy. « J'aurais vraiment dû lui téléphoner hier soir après dîner », se dit-elle. Mais là encore, l'occasion ne s'était pas présentée. D'abord, elle avait passé une demi-heure en ligne avec Taylor à essayer de la convaincre de laisser une chance à Chad. Ensuite, Kelsi l'avait appelée pour prendre de ses nouvelles et savoir si elle tenait le coup, et toutes deux étaient restées une demi-heure de plus au téléphone.

Quand elle avait raccroché, sa mère avait fini par rentrer de son travail, épuisée, ce qui n'avait pas manqué de contrarier Gabriella, qui avait une fois de plus ressassé cette histoire de déménagement. Et finalement, le temps qu'elle repense au bal, il était trop tard pour appeler Troy. « Oh, de toute façon, Troy doit bien se douter qu'on va y aller ensemble, non ? songe-t-elle. L'inviter n'est qu'une formalité... même si c'est bien plus facile à dire qu'à faire. »

Quand ils pénètrent dans le gymnase, le principal Matsui est debout sur la ligne centrale aux côtés de l'entraîneur Bolton. Il tente d'ajuster le micro, tandis que les pom

pom girls s'élancent d'un bout à l'autre du terrain, encouragées par les élèves.

Gabriella sourit en apercevant Troy parmi les autres basketteurs. Il est retourné pour parler à quelqu'un dans son dos. En se rapprochant, Gabriella découvre que l'interlocuteur du garçon... n'est autre que Sharpay !

Gabriella finit par atteindre le banc des Wildcats. Elle prend une profonde inspiration. Pas question qu'elle rate *encore* une occasion de parler à Troy. Son cœur bat à tout rompre.

« C'est juste une formalité, se répète-t-elle. Ce sera sûrement comme la première fois que Troy et moi avons chanté en duo... Au début, j'ai cru que j'allais être malade ou que j'allais m'évanouir mais finalement, une fois que je me suis lancée, c'était génial. »

— Troy ! s'écrie-t-elle. J'ai quelque chose à te demander. En fait, toute la semaine j'ai voulu t'en parler mais...

— Quoi ? lui crie ce dernier dans la cohue.

Le micro du principal vient juste d'émettre un larsen strident auquel les élèves répondent en criant davantage et en tapant des pieds dans les gradins.

— ... je ne t'entends pas !

Gabriella s'éclaircit la gorge.

— J'ai quelque chose à te demander ! lui crie-t-elle. Est-ce que tu veux bien m'accompagner au bal de samedi ?

Elle sourit, en poussant un profond soupir de soulagement. Elle ne s'était pas trompée : une fois lancée, ce n'est finalement pas si angoissant.

C'est alors qu'elle remarque l'expression sur le visage de Troy, un mélange de confusion et de choc. Le sourire de l'adolescente s'estompe.

— Un problème ?

Sharpay se penche alors vers elle.

— Désolée, Gabriella, lui susurre-t-elle avec un sourire en coin. Tu arrives un peu tard. Troy vient juste d'accepter d'être mon cavalier au bal.

— Asseyez-vous ! s'écrie Mme Darbus en tapant dans ses mains pour attirer l'attention des élèves. Au cas où vous l'auriez oublié, ce lieu est toujours un établissement d'enseignement, et ce cours d'art dramatique est tout sauf un zoo !

— Mais comment voulez-vous qu'on supporte ces vieux trucs de théâtre alors qu'on a un match à gagner demain ! lance Chad.

Plusieurs élèves applaudissent. Gabriella sourit, mais elle n'a pas vraiment le cœur à se réjouir. Elle est toujours sous le choc au sujet de Troy et Sharpay. Malheureusement, le *Défilé de Supporters* a commencé juste après la mauvaise nouvelle. Du coup, Gabriella n'a pas pu en parler avec Troy.

« Comment peut-il me faire ça ? » se demande-t-elle, en jetant un œil dans sa direction. À sa grande surprise, il répond à son regard d'un air sombre. Se sentant rougir, elle s'empresse de baisser les yeux et de prendre un air occupé en farfouillant dans son sac pour sortir son cahier.

Lorsqu'elle relève la tête, Gabriella découvre Mme Darbus en train de fusiller Chad du regard.

— Très bien, monsieur Danforth, puisque mon cours vous ennuie à ce point, peut-être qu'un petit questionnaire improvisé sur *La Mégère apprivoisée* saura capter votre attention ?

— Oh, non, m'dame ! proteste Zeke. Vous ne pouvez pas nous faire un contrôle cette semaine ! Je vous rappelle que c'est la fête, *l'Esprit d'East High* ! Ce ne serait pas très... *communautaire* comme idée !

La professeure d'art dramatique croise les bras sur sa tunique violette.

— Justement ! réplique-t-elle. Ce lycée est bien trop préoccupé par le stupide tournoi sportif de demain. Allez, sortez vos stylos, jeunes gens, et que chacun regarde sa copie !

Quelques minutes plus tard, la classe est plongée dans le calme pendant que les élèves planchent sur l'examen surprise. D'ordinaire, Gabriella est une des premières à rendre sa copie mais, aujourd'hui, elle a du mal à se concentrer.

« Comme si ça ne suffisait pas que je déménage dans quelques jours, se dit-elle. Maintenant, je n'aurai même pas la chance de profiter de mon premier et dernier bal à East High ! » Cette soirée représentait tellement pour elle. Mais sans Troy, quel intérêt ?

— Les Wildcats sont dans la place !

Gabriella sursaute, comme le reste de ses camarades, tandis que Sharpay bondit de son siège en poussant le cri de ralliement d'East High. Mme Darbus est tellement surprise qu'elle manque de basculer de son fauteuil.

— Mademoiselle Evans ! Qu'est-ce qui vous prend ?

— Désolée, madame Darbus, lui répond Sharpay, qui n'a pas du tout l'air désolé. Je crois que je me suis laissé submerger par cet esprit de fête.

Toute la classe rit, sauf Gabriella, qui lève les yeux au ciel, atterrée. Même en ayant la tête ailleurs toute la semaine, impossible de ne pas remarquer le mal que se donne Sharpay pour obtenir le titre de *Reine d'East High*.

« C'est sûrement pour ça qu'elle veut aller au bal avec Troy, songe Gabriella. Il a toutes les chances d'être nommé Roi, et s'il y a bien une chose dont Sharpay raffole, c'est du *happy end* des contes de fées. »

Finalement, la sonnerie retentit, libérant les élèves. Gabriella rassemble rapidement ses affaires. Il faut absolument qu'elle comprenne pourquoi Troy a accepté d'aller au bal avec Sharpay. Mais à peine a-t-elle fait trois pas hors de la salle que Zeke l'intercepte.

— Gabriella ! Tu peux m'aider ? Je dois transporter toute une fournée de gâteaux jusqu'à la réserve avant que l'entraînement de basket ne commence !

Gabriella hésite un dixième de seconde, puis finit par acquiescer d'un signe de tête.

— O.K., je te suis.

Quelques instants plus tard, ils sont occupés à ranger les gâteaux dans les congélateurs de la réserve, quand Kelsi fait irruption, paniquée.

— L'un de vous aurait-il une minute ? On essaie de terminer de tresser les guirlandes pour demain, on doit encore peindre le panneau des Wildcats et nous ne sommes que quatre aujourd'hui, et...

Gabriella lance un coup d'œil à Zeke, dans l'espoir qu'il se portera volontaire mais se souvient aussitôt que ce dernier doit filer au basket.

— O.K., je vais t'aider. Montre-moi ce que je dois faire.

Durant les deux ou trois heures qui suivent, Gabriella donne un coup de main au comité de décorations. Lorsque Zeke revient enfin, toujours en tenue de basket, il semble ravi de l'avancement des préparatifs.

— Gabriella, tu es un ange de nous aider. Tu auras tous les gâteaux que tu veux demain soir au bal. Peut-être même que je préparerai une crème brûlée spécialement pour toi !

— Merci, lui répond la jeune fille en souriant, mais il n'y a vraiment pas de quoi. De toute façon, je ne suis même pas sûre d'aller au bal.

— Comment ça ? s'écrie Kelsi, consternée. Tu dois y aller ! Ce n'est pas à cause de... *tu sais quoi*, si ?

Elle se mord la lèvre en jetant un œil à Zeke. Réalisant qu'elle fait allusion au déménagement, Gabriella s'empresse de secouer la tête.

— J'avais l'intention d'y aller mais... étant donné que je n'ai pas de cavalier...

— Ça, ce n'est pas un problème, la coupe gentiment Zeke. Moi non plus, je n'en ai pas. J'ai été tellement occupé par ces pâtisseries et la décoration que je n'ai même pas eu le temps d'y penser. Ce n'est pas très grave, plein d'élèves y vont seuls.

— Oui, ajoute Kelsi, moi par exemple ! On n'a qu'à y aller tous les trois.

« Je ne peux pas leur refuser ça, se dit Gabriella, surtout après tout le mal qu'ils se sont donné pour préparer cette soirée. »

— Bon... d'accord. Plutôt amusant comme *non-rendez-vous*...

— Parfait ! s'exclame Zeke. À présent, si vous voulez bien m'excuser, j'ai des macarons sur le feu...

Lorsque Gabriella parvient enfin à se libérer, les couloirs du lycée sont déjà totalement déserts. Comme elle se dépêche de rejoindre le gymnase, elle aperçoit deux garçons de l'équipe qui traînent dans le hall d'entrée.

— Salut ! leur lance-t-elle. L'entraînement est déjà terminé ?

— Oui..., répond l'un d'eux. Depuis environ trente minutes. L'entraîneur veut qu'on rentre se reposer avant le grand match.

Gabriella s'affale, dos à la rangée de casiers la plus proche. Elle arrive donc trop tard. Une fois de plus.

« À quoi bon en faire toute une histoire maintenant ? songe-t-elle. Troy et moi pourrons toujours discuter la semaine prochaine... Enfin... si ça a encore de l'importance une fois que tout le monde sera au courant de mon départ. »

— Hé, qu'est-ce qui ne va pas, Troy ? s'exclame Chad. C'est déjà le sixième panier que tu rates !

— Tu as intérêt à jouer mieux que ça demain, ajoute Jason, sinon on va se faire massacrer !

— Je sais, répond Troy d'un ton distrait. J'ai juste pas mal de choses en tête.

C'est le moins qu'on puisse dire. En réalité, Troy n'arrête pas de penser à Gabriella et à l'expression sur son visage lorsqu'elle a appris que Sharpay et lui iraient au bal ensemble. Comment a-t-il pu être aussi stupide ? Dire que, pendant tout ce temps, il a cru qu'elle ne voulait pas y aller avec lui. Et maintenant, c'est l'inverse : *elle* pense que *lui* ne veut pas être son cavalier… alors que rien n'est plus faux !

— Fais un effort, mon vieux, dit Jason. Si on perd le match, le bal risque d'être beaucoup moins amusant.

— C'est possible, répond Troy, en haussant les épaules. En fait, je ne sais même pas si je vais aller à cette soirée...

— Quoi ? s'écrie Chad en écarquillant les yeux. Qu'est-ce que tu racontes ? Tu dois y aller... Tu vas être nommé *Roi d'East High* !

— Oui, arrête de raconter des salades, Troy ! s'exclame Jason. Tu dois venir au bal, au moins pour assister à mon super rencard avec Ami, la pom pom girl !

— Tu n'es pas sérieux, n'est-ce pas ? demande Chad, inquiet. Le bal… tu vas y aller ?

Troy hésite. Ses amis ont l'air tellement déçus… Il ne peut le supporter. La dernière chose dont il ait envie, c'est de leur gâcher la fête.

— Bien sûr… je blaguais. Évidemment que je vais y aller !

« J'irai au bal, se dit-il, mais il y a peu de chances pour que je m'amuse. »

BZZZZZ !

La sonnerie finale retentit et met fin au grand match. Le gymnase d'East High explose dans un tonnerre d'applaudissements.

— On a réussi ! hurlent les pom pom girls en bondissant sur le terrain. Les Wildcats sont dans la place !

Troy lève les yeux vers le tableau des scores, un sourire jusqu'aux oreilles.

DOMICILE : 62 – VISITEURS : 54.

— Une belle victoire, mon capitaine ! crie Chad. Ravi que tu aies retrouvé la forme !

Troy, qui aperçoit Zeke, lève les deux mains en l'air pour féliciter son coéquipier :

— Et voilà la grande vedette de l'équipe ! On était ex æquo pendant quasiment tout le match, jusqu'à ce que Zeke sorte le grand jeu, en tirant deux paniers à trois points d'affilée ! Après quoi, le vent a tourné, et les Wildcats ont repris le dessus du match !

Zeke sourit modestement.

— Merci, mais... si nous avons gagné, c'est grâce à l'ensemble de l'équipe, comme toujours !

Troy jette un coup d'œil aux tribunes qui débordent de supporters déchaînés. Malgré la foule, il repère rapidement Gabriella. Elle est assise près de Taylor, quelques rangées derrière le banc des joueurs.

L'adolescente lui fait un petit signe de la main, tandis que Taylor lève le pouce. Troy agite la main à son tour, heureux que Gabriella assiste quand même au match. Si seulement il avait eu le temps de lui expliquer... Mais après l'entraînement de basket de la veille, son père avait insisté pour emmener toute sa petite famille dîner dehors et il était rentré trop tard pour l'appeler.

Le sourire du jeune homme s'estompe lorsqu'il aperçoit Sharpay assise à proximité. Celle-ci agite une énorme pancarte « Allez, les Wildcats ! » Dès qu'elle réalise que Troy la regarde, elle se lève d'un bond et retourne sa pancarte. Au dos, inscrits en lettres rouge vif, les mots « VIVE TROY ! » apparaissent, au-dessus d'un petit dessin. Troy plisse les yeux, et rougit en réalisant qu'il s'agit de Sharpay et lui se tenant la main. Et comme si ça ne suffisait pas, tous deux portent une petite couronne dorée sur la tête.

Un frisson lui parcourt le dos. Il n'a rien contre Sharpay, mais la perspective d'aller au bal avec elle ne l'emballe absolument pas. Il préférerait vraiment y aller avec quelqu'un d'autre…

— Allez, mon vieux ! lui dit Chad. Il est

temps d'aller prendre une douche et de se préparer pour le grand bal de ce soir !

Troy sourit mollement. Une promesse est une promesse…

— Ça marche. Au fait, Taylor et toi vous êtes-vous réconciliés ?

— En quelque sorte, oui. Enfin, je suppose. À vrai dire, je n'ai pas répondu clairement à son invitation, mais bon... je suis certain que ça va s'arranger.

Troy ne peut s'empêcher de ressentir une pointe de jalousie. Comment Chad fait-il pour prendre les choses avec autant de détachement ? Mais aussitôt, il chasse cette pensée de son esprit.

— En route ! lance-t-il à ses amis en ouvrant la marche en direction des vestiaires.

HSM HSM

Gabriella regarde son reflet dans le miroir de la porte de la salle de bains. Elle porte une jolie robe bleue agrémentée d'un jupon à volants. Ses cheveux de jais sont noués sur le haut de sa tête, laissant quelques mèches folles retomber en boucles légères le long de ses joues. Seule ombre au tableau : l'expression de son visage. Quoi qu'elle fasse, elle n'arrive pas à sourire.

— Ma chérie, tu es magnifique !

Gabriella se retourne et découvre sa mère dans le couloir.

— Mer... merci.

Gabriella a beau faire de son mieux pour avoir l'air en pleine forme, elle échoue lamentablement.

Mme Montez perçoit immédiatement le manque d'enthousiasme de sa fille.

— Qu'est-ce qui ne va pas ? Tu ne te sens pas bien ?

— Ce n'est pas ça, murmure Gabriella, dont les yeux s'emplissent de larmes.

Elle avait prévu d'attendre la fin de la semaine pour parler à sa mère... et affronter la vérité. Mais l'attente est devenue insupportable. Il faut qu'elle lui parle !

— Je suis simplement contrariée à l'idée que ce bal soit peut-être le *dernier* à East High pour moi.

Sa mère la dévisage, perplexe.

— Pourquoi dis-tu cela ? Il y aura plein d'autres bals !

— Mais je ne pourrai pas y aller, n'est-ce pas ? Pas ici, à East High ?

Gabriella secoue la tête, tentant désespérément de retenir ses larmes.

— Inutile de garder le secret plus longtemps, maman. Je t'ai entendue au téléphone l'autre soir. Je sais qu'on va de nouveau déménager.

— Quoi ? s'écrie sa mère, stupéfaite. Déménager ? Qui est-ce qui t'a donné une idée pareille ?

— Toi !

L'adolescente lui raconte brièvement ce qu'elle a entendu de sa conversation téléphonique.

— Désolée, je ne voulais pas être indiscrète, mais je n'ai pas pu m'en empêcher quand j'ai compris que tu parlais de...

— Attends, l'interrompt Mme Montez. Si je comprends bien, tu m'as entendue parler de New York et tu as cru que nous allions déménager là-bas ?

Elle se met à rire. Gabriella la dévisage, troublée.

— Pourquoi tu ris ? Ce n'est pas drôle...

— Excuse-moi, ma chérie. Je vois bien que tu es contrariée. Mais tu n'as vraiment pas de quoi, je t'assure : nous ne bougerons pas d'ici ! Comme je te l'ai promis lors de ton premier jour à East High, nous resterons ici jusqu'à ce que tu aies passé ton bac.

— Mais... tu... ? bafouille Gabriella, qui essaie de remettre de l'ordre dans ses idées. Alors pourquoi as-tu parlé de prévenir mon lycée avant d'aller à New York ? Et puis, avant-hier, tu plaisantais sur le travail de costumière à Broadway, alors j'ai cru que…

Mme Montez se rapproche et passe un bras autour des épaules de sa fille en la serrant contre elle.

— Je pars en voyage d'affaires à New York dans un peu plus d'un mois, lui expliquet-elle. Et comme j'aurai quelques jours de congé sur place, j'ai pensé que tu pourrais m'accompagner. C'est vrai que j'avais Broadway en tête ces derniers temps... Vu ta nouvelle passion pour la comédie musicale, je me suis dit que nous pourrions assister à quelques spectacles pendant qu'on serait là-bas, non ?

Gabriella dévisage sa mère, désarçonnée.

— Mais... tu as tellement travaillé ces jours-ci. Toutes ces fois où tu es rentrée tard...

— Tu as raison, et je suis désolée de ne pas avoir eu plus de temps à te consacrer, soupire sa mère. Je pensais t'avoir expliqué pourquoi... En fait, ma compagnie est en train de modifier entièrement son système informatique.

Maintenant que sa mère en parle, Gabriella a la vague impression d'avoir entendu parler de cette histoire. Mais elle n'est pas sûre de comprendre le rapport.

— Et alors ?

— Nous devons tous travailler d'arrache-pied. J'ai donc dit à mon patron que je ne pourrai pas partir à New York tant que ça ne serait pas complètement réglé.

Les morceaux du puzzle s'assemblent enfin. Maintenant qu'elle connaît la vérité, Gabriella se sent un peu idiote.

— Alors, tu te sens prête à t'amuser maintenant ? lui demande sa mère.

— Et comment !

Gabriella affiche désormais un sourire radieux. C'est comme si on venait de lui enlever un énorme poids des épaules. Elle a hâte d'annoncer la bonne nouvelle à Kelsi. Bien entendu, ça ne change pas grand-chose concernant Troy...

« Mais ça s'arrangera ! se dit-elle, confiante. Après tout, on a le temps ! »

HSM

— Souris, Troy ! Tout le monde nous regarde !

Sharpay arrange ses cheveux blonds coiffés en un chignon très recherché.

— En même temps, je les comprends : notre couple est tellement *parfait* !

Troy se force à peine à sourire. Il est habitué aux regards des gens quand il joue au basket, mais ce soir, tout est différent. Et pas seulement parce que le gymnase est métamorphosé. L'endroit est déjà bondé.

Soudain, Troy aperçoit Gabriella, qui fait

son entrée dans le gymnase aux côtés de Kelsi et Zeke. Tous trois se tiennent par la main, et sont pris de fou rire.

Troy est soufflé. Jamais Gabriella ne lui a paru aussi belle que ce soir.

— Excuse-moi, dit Troy à Sharpay. Je vais juste dire bonjour à...

Mais Sharpay a suivi son regard et a, elle aussi, repéré Gabriella.

— Pas si vite. Tu es mon cavalier ce soir, n'oublie pas. *Le mien.* Ce qui signifie que tu as intérêt à te tenir tranquille. Surtout qu'il est presque l'heure pour le principal Matsui de couronner le *Roi* et la *Reine d'East High.*

— Hé, vous avez vu ce gymnase ? C'est fantastique ! s'exclame Taylor.

Gabriella sourit en lançant un coup d'œil complice à Kelsi et Zeke.

Taylor prend un air boudeur en apercevant Chad arriver vers eux. « Il est plutôt mignon avec sa cravate rouge et son manteau trop grand », songe Gabriella. Le basketteur salue Zeke d'une tape dans la main, puis se retourne vers Taylor.

— Bonsoir, lâche froidement cette dernière. On se connaît ?

— Écoute, répond Chad en s'approchant d'un pas, ne le prends pas comme ça, s'il te plaît.

— À plus tard, mec ! lance Zeke, embarrassé. Je vais voir où en est la cuisson de mes gâteaux.

Chad a toujours les yeux rivés sur Taylor.

— Je t'ai déjà dit que j'étais désolé de m'être comporté comme un imbécile au centre commercial.

— Facile à dire quand tes copains ne sont pas là ! réplique sèchement Taylor en croisant les bras sur sa poitrine.

Chad lève un sourcil, étonné.

— C'est donc ça qui te préoccupe ? Tu pense que je suis... gêné qu'on nous voie ensemble ?

— Oui, peut-être bien. Pourquoi, ce n'est pas le cas ?

— Si, *peut-être bien*, rétorque Chad.

Gabriella fait une grimace, et lance un coup d'œil à Kelsi.

— Mauvaise réponse, commente-t-elle à voix basse.

Taylor fusille Chad du regard.

— *Peut-être bien* que tu n'as pas vraiment envie d'être ici avec moi, alors ?

Elle tourne les talons et commence à s'éloigner, le menton relevé.

— Attends !

Chad semble réellement inquiet.

— Juste une minute, d'accord ? Je plaisantais bêtement, rien de plus. Mais je suis très content d'être ici avec toi... vraiment, je te jure !

— Tout ça, ce ne sont que de belles paroles, Chad. Surtout venant de toi ! Mais les faits comptent plus que les mots.

— Vraiment ? Dans ce cas, tu viens justement de me donner une idée pour te prouver ma bonne foi.

Chad s'éclaircit la gorge, puis brandit la main de Taylor en l'air.

— Ohé ! Tout le monde, écoutez-moi ! Vous voyez cette demoiselle à mes côtés ? Elle et moi sommes *ensemble,* compris ?

Et j'en suis très fier ! Vous m'entendez ? *Fier* !

Gabriella part d'un grand fou rire en voyant la tête de Taylor. Tout le monde dans la salle s'est retourné vers eux, et un groupe de pom pom girls se met à chuchoter en gloussant. Même Zeke s'est arrêté pour les regarder, sous le choc.

L'embarras de Taylor laisse bientôt place à la bonne humeur.

— Sacré Chad... Décidément, tu es complètement dingue ! Mais *peut-être bien* que je te pardonnerai si tu me rapportes un verre de punch.

Gabriella et Kelsi échangent un sourire complice en observant le couple s'éloigner main dans la main. Elle est ravie que ce soit reparti pour eux deux. Si seulement elle pouvait tirer les choses au clair avec Troy…

Mais déjà le principal Matsui monte sur l'estrade et allume son micro. Un larsen strident attire aussitôt l'attention de la foule.

« Chouette, se dit la jeune fille, il s'apprête sans doute à annoncer les gagnants du titre de *Roi* et *Reine d'East High.* Ça va être drôle ! »

Kelsi lève les yeux au ciel.

— Ouah, quel suspense ! s'exclame-t-elle, sarcastique. Tout le monde sait déjà que Troy et Sharpay vont gagner.

— Comme vous le savez tous, commence le principal, le corps enseignant et moi-même vous avons observés attentivement tout au long de la semaine afin de déterminer lequel et laquelle d'entre vous faisaient le plus preuve d'esprit d'équipe durant ces festivités. Je vais à présent nommer les six finalistes. Deux d'entre eux formeront notre couple royal, et les autres officieront en tant que membres de la cour ! Voici donc les finalistes par ordre alphabétique – merci de me rejoindre sur scène quand je vous appelle.

Il s'éclaircit la gorge en agitant ses notes.

— Zeke Baylor !

— T'es le meilleur, Zeke ! le félicite Chad.

Kelsi applaudit.

— C'est génial ! s'écrie-t-elle, émue, en se tournant vers Gabriella. Tu sais, je ne connaissais pas vraiment Zeke avant, mais il s'est montré très solidaire durant ces préparatifs !

— C'est vrai, approuve son amie. Sans compter son formidable jeu pendant le match d'aujourd'hui !

— Ensuite, poursuit le principal, j'appelle Troy Bolton.

Cette fois, c'est toute la salle qui applaudit. Gabriella tend le cou pour essayer d'apercevoir Troy tandis qu'il se fraye un chemin jusqu'à l'estrade. Il sourit timidement, sa veste et sa cravate le rendent encore plus beau que d'habitude.

— À présent, j'aimerais voir Ryan Evans sur scène, ainsi que Sharpay Evans...

— Autant qu'il s'arrête là, marmonne Kelsi en applaudissant poliment avec les autres, on connaît la suite.

— Oh, arrête..., la taquine Gabriella en riant.

— Gabriella Montez...

— Quoi ? s'exclame-t-elle, stupéfaite.

Kelsi la pousse vers la scène d'un petit coup de coude en lui souriant.

— ... et Kelsi Nielsen ! conclut le principal.

Gabriella attrape Kelsi par la main en lui adressant à son tour un large sourire.

— Viens, nos sujets nous attendent !

Elle ne peut s'empêcher de se sentir intimidée en entraînant Kelsi dans la foule. C'est toujours aussi étrange de sentir tous les regards braqués sur elle. Mais le fait d'avoir joué dans la dernière comédie musicale de l'école l'a aidée à surmonter un peu son trac. Elle parvient même à faire un petit signe de la main au public en montant sur scène aux côtés des autres.

— Félicitations ! lui chuchote Troy en se rapprochant d'elle.

— À toi aussi. Écoute, Troy, je suis désolée de ne pas t'avoir...

— Ne t'inquiète pas. C'est moi qui suis désolé de... enfin tu sais quoi.

Il désigne discrètement Sharpay.

— Je t'expliquerai plus tard.

Gabriella lui sourit, intimement convaincue que les choses reviendront rapidement à la normale entre eux.

— Dès que cette histoire de couronnement sera terminée, on discutera.

— Silence ! leur siffle Sharpay. Il est sur le point d'annoncer ma... enfin, le nom des vainqueurs.

Effectivement, le principal agite de nouveau ses notes.

— Et sans plus tarder, voici le nom du *Roi* et de la *Reine d'East High* : Zeke Baylor et Kelsi Nielsen !

— Hein ? s'exclame Zeke.

— Quoi ? s'écrie à son tour Kelsi.

— Comment ça ?! braille Sharpay, l'air horrifié. Vous plaisantez, j'espère ? *Elle*... Reine ? Elle n'a... Elle...

Manifestement, elle est à court de mots tandis qu'elle toise Kelsi de la tête aux pieds.

— Elle ne porte même pas les couleurs

des Wildcats ! finit-elle par bafouiller, en pointant d'un geste théâtral la robe verte de Kelsi.

Le principal la dévisage d'un air désolé.

— Navré, mademoiselle Evans, mais ce n'était pas une obligation.

Cette fois-ci, Sharpay n'essaie même pas de riposter. Elle quitte la scène, furieuse.

— Reviens, Sharpay ! crie Ryan dans son dos en courant pour la rattraper.

Le principal Matsui hausse les épaules, puis se rapproche du micro.

— Bravo à Kelsi et Zeke ! Tous deux ont fait preuve d'un véritable esprit d'équipe en travaillant sans relâche toute la semaine pour que ce bal ait lieu. Alors, laissons-les en profiter ! Allez donc danser, vous deux !

Zeke est à présent remis de ses émotions et semble prendre beaucoup de plaisir à imiter un salut royal. Puis, il se tourne vers Kelsi, qui n'a pas bougé d'un pouce.

— Vous permettez, Votre Majesté ? lui souffle-t-il, en lui offrant sa main tandis que le DJ lance une chanson.

L'instant d'après, tous deux dansent au rythme du morceau. Zeke continue à sourire à la foule, un peu gêné, tandis que Kelsi ne quitte pas ses pieds des yeux.

— Ils n'ont pas l'air ravis de danser devant tout le monde, commente Troy, malicieux, en se penchant vers Gabriella.

— Pas vraiment, non ! Peut-être qu'on devrait les rejoindre pour leur donner un coup de main ?

Le visage de Troy s'illumine et, aussitôt, il entraîne Gabriella par la main sur la piste de danse.

— J'avais peur que tu ne m'invites plus jamais !

FIN

Il se passe toujours quelque chose
à East High !
Pour en savoir plus,
tourne vite la page !

Retrouve
Troy, Gabriella, Sharpay Ryan, Chad et Taylor

dans le 3e tome de la série :
Poésie au programme

Quand Troy, Gabriella et les autres élèves d'East High apprennent la nature du prochain examen de littérature, c'est la panique ! Et pour cause : ils vont devoir écrire un poème, et le lire devant tout le lycée... Même les basketteurs des Wildcats sont obligés de s'y mettre : s'ils ont une mauvaise note, ils seront virés de l'équipe !

Mais l'inspiration n'est pas toujours au rendez-vous...